COLEÇÃO PÊSSEGO AZUL

BEATRIZ DI GIORGI
COLEÇÃO DE PENSAMENTOS

LARANJA ● ORIGINAL

Para Flávio, meu pai, que estimulava as pessoas a pensar e a sentir profundo;

Para Maria Edith, minha mãe, que gerava pensamentos originais;

Para Luís, com quem compartilho um castelo de ideias e sonhos;

Para Gustavo e Isabel, nossos filhos, que revelam, no cotidiano, as delícias da criação.

ENSAIOS POÉTICOS?

Coleção de pensamentos, que permanecia inédito há mais de vinte anos (é de 2003), é o segundo título de Beatriz Di Giorgi na editora Laranja Original. Como no anterior, *Labirinto* (2012), estão presentes a arte de Alex Cerveny e minhas discretas – assim espero – contribuições editoriais. As diferenças, no entanto, são claras e consideráveis. A começar pelo gênero.

Labirinto é uma coletânea de poemas e desenhos, elaborada a partir de material disperso no tempo. *Coleção de pensamentos*, por sua vez, é prosa não-fictícia, já escrita com o propósito de constituir um todo coeso, ainda que composto de textos quase autônomos. São passeios breves, mas persistentes em torno de certo assunto, que ao final se conecta de alguma maneira ao seguinte.

O ponto de partida costuma ser um leve tom de espanto, assumidamente ingênuo, no exame de cada objeto escolhido. Esse olhar pode se voltar para concretudes tão variadas como as histórias infantis ou as cicatrizes. Em geral, contudo, trata mais de abstrações, como a própria noção de ingenuidade, tema de um dos capítulos mais cativantes da obra, pois desafia o estigma dos ingênuos – às vezes justamente os únicos a perceber o óbvio.

Instalado o estranhamento, o texto deriva para sentidos metafóricos e diversas outras associações vinculadas a esse tipo de percepção original, no sentido literal da palavra. Nesse trajeto que antes procura delinear quase descritivamente seu tema em essência, para depois prismá-lo em seus múltiplos sentidos, ressurgem memórias (não por acaso) infantis e outras narrativas pessoais. É quando se constata como a relação subjetiva de Beatriz (sempre em primeira pessoa) com o objeto tende a triunfar, mesmo quando isso signifique sublinhar dúvidas talvez insolúveis sobre ele.

Os conceitos em questão são vertiginosamente rearticulados, num movimento entre a curiosidade respeitosa e a entrega intensa, que às vezes resulta em entusiasmada epifania, às vezes em profunda dor. Esse é um olhar recorrente também na poesia de Beatriz Di Giorgi, a ponto de poder ser reconhecido como um traço de seu estilo.

No entanto, a personalidade marcante da autora, em verso e prosa, não significa solidão na estante para a *Coleção de pensamentos*. Os textos deste livro encontram companhia em obras de diversos autores que se dedicam, como Beatriz, a reflexões cuidadosamente literárias em torno de temas sobre os quais parece não haver mais nada a dizer.

É precisamente isso que traz de volta a indagação (muito mais lúdica do que formal, ao contrário do que possa aparentar) presente no título desta nota: estaríamos diante de um gênero literário que, por escapar à nomenclatura canônica, mereceria classificação própria? Se sim, que tal **ensaios poéticos**? Qual é sua opinião, leitor?

Beto Furquim

SUMÁRIO

PENSAMENTOS SOBRE ESTA COLEÇÃO
11

O MEDO
19

NATUREZA E CULTURA
21

HISTÓRIAS INFANTIS
23

A CULPA
27

CONDIÇÃO HUMANA
29

O OLHAR
31

AS PALAVRAS
33

INGENUIDADE
37

DÚVIDAS EXISTENCIAIS
39

CICATRIZES
41

OS BÁLSAMOS
43

LOUCURA
45

SENSO DE HUMOR
49

VÍNCULO AFETIVO
51

A FIGURA FEMININA
55

ESPELHO
59

ESPIRITUALIDADE
61

O BENEFÍCIO DA DÚVIDA
65

MATERNIDADE
69

UTOPIA
73

TRABALHO
77

DIGNIDADE
81

TRANSFORMAÇÃO
83

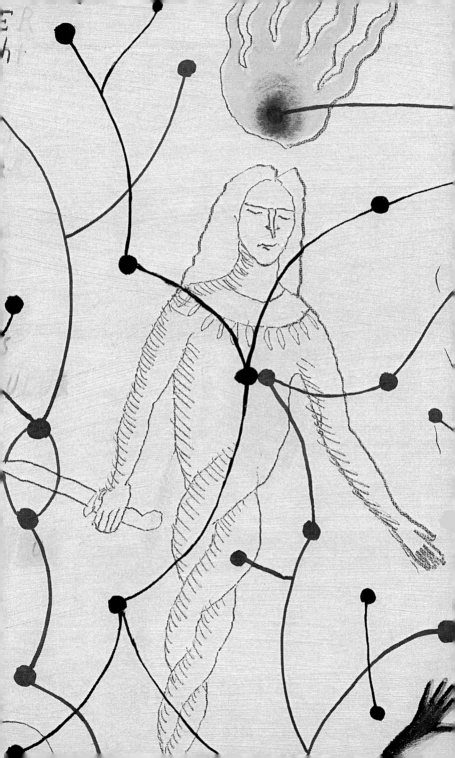

PENSAMENTOS SOBRE ESTA COLEÇÃO

Desde pequena sou fascinada pelo hábito de colecionar. Coleções são pequenos universos compostos de objetos muito semelhantes. São fascinantes porque desafiam, e o conjunto de objetos é esteticamente agradável.

As coleções podem ser divididas em vulgares e especiais. A coleção de figurinhas para preencher um álbum vendido nas bancas de jornal é vulgar. Por outro lado, passar toda a vida completando álbuns de figurinhas e colecioná-los preenchidos é ter uma coleção especial.

Uma coleção parece ser um micromuseu, parado e crescendo ordenadamente.

Existem colecionadores que têm um vínculo paternal ou maternal com suas coleções. Para eles colecionar é como criar filhos ou ter um animal de estimação. Às vezes, a família de objetos que forma a coleção se confunde com o colecionador, que se sente uma espécie de Deus daquela família-coleção.

A minha falta de capacidade de colecionar sempre foi motivo de frustração. Nunca consegui avançar em minhas tentativas. Talvez tenha fracassado por considerar difícil me apropriar dos objetos que faziam crescer a coleção. O que me irritava, também, era o princípio básico das coleções convencionais: jamais utilizar os objetos que as compõem. Acho muito chato manter as coisas em estado original, vai contra o princípio da vida.

Já tentei colecionar algumas coisas. Só coleções vulgares, mesmo assim não completava nenhuma. No meu tempo de menina era moda coleção de papel de cartas. Quanta dificuldade! Era preciso uma pasta de capa dura com plásticos para acondicionar os papéis, que deviam estar em branco e nada amassados. Era preciso pedir a todos aqueles que viajavam para o exterior a gentileza de trazer uma espécie diferente. Como era uma coleção vulgar e que muitas pessoas faziam, tinha ainda a árdua tarefa das trocas de papéis de carta. Quanta dor de cabeça! Quantas amizades infantis abaladas por trocas consideradas injustas.

A coleção de papel de carta se desfez. Ela me reprimia. Foi ficando amassada a pasta. Fui escrevendo nos papéis de carta poemas e correspondências para amigos e amores.

Tive vários álbuns de figurinhas. Não os completei, tampouco os guardei. Mas ainda assim, confesso uma ponta de inveja dos colecionadores de coleções impecáveis, seja de caixas de fósforos, de embalagens ou moedas antigas. Quanto mais organizadas plasticamente, mais as invejava.

Até que um dia eu deixei de invejar as coleções alheias e percebi que eu tinha a mais preciosa das coleções – todos nós a temos: a coleção de pensamentos.

Desde que me conheço assimilo pensamentos. Eles crescem, se modificam, se incorporam a outros e somem. Aparecem anos depois. Às vezes intactos. Às vezes me revisitam em momentos críticos. Dão-me esperança e ressignificam minha identidade. Às vezes vêm doidos, incompletos, e machucam muito.

Os pensamentos são objetos interessantes. Às vezes me fazem gargalhar sozinha de tão surreais. Alguns me provocam, me irritam. Pensamentos são companhias agradáveis e desagradáveis, têm uma presença intrínseca a nós. A coleção é parte da gente.

Coleção de pensamentos é completamente baseada na troca, na comunicação. Passo meus dias trocando pensamento. Às vezes dá briga! Um pensamento tentando aniquilar outro. Em alguns casos, essa briga é tão excitante que praticamente me esqueço dos outros pensamentos que tenho, me uno ao meu pensamento que está brigando somente pelo prazer e pelo desafio de um bom duelo.

COLEÇÃO DE PENSAMENTOS

Quando um pensamento parece estar derrotando o outro, subitamente percebo que sou além daquele pensamento. Fico confusa e brigo de novo com o pensamento vencedor.

Com essa incrível volatilidade, os pensamentos ganham a cidade, se espalham e fazem a História.

Gostoso mesmo é o encontro tranquilo de dois pensamentos, três ou quatro até que, numa conversa especial, se abraçam, engravidam e parem novos pensamentos. Essas situações são sublimes!

Uma coisa é inegável: para os pensamentos das pessoas se misturarem, brigando ou se abraçando, é preciso que haja atração entre as pessoas. Quando há indiferença, os pensamentos não se confundem, convivem apenas.

A humanidade tem como patrimônio uma enorme coleção de pensamentos, que viaja pelo tempo e pelo espaço.

São tão humanos que abarcam tudo aquilo que nos define como espécie. Os pensamentos provocam amores, ódios e reconciliações. Às vezes são vis. Às vezes são divinos. Minha coleção de pensamentos anda gorda. Tem dias que me pesa. Parece querer explodir e que o canal de troca de pensamentos anda entupido.

Tenho pensamentos que chegam avisando que têm urgência de serem extravasados. Entendo que essa exigência de liberdade de expressão de alguns pensamentos faz sentido: Penso demais, logo, existo demais. Isso dói. Isso dá prazer.

Antes de apresentar os pensamentos (que antes de serem meus eu sou deles – porque são nossos), leitor, quero dizer que os sentimentos criam pensamentos. Os pensamentos colecionam sentimentos. Sem sentimento um pensamento nem começa a existir. Mas o pensamento vai além dos sentimentos. Brinca com eles. Provoca os sentimentos e com isso cria infinitamente novos sentimentos.

BEATRIZ DI GIORGI

A ordem dos pensamentos que apresento nos próximos capítulos reflete completamente o estágio em que a coleção de pensamentos se encontra no momento em que escrevo, no momento em que penso nos pensamentos que pesam mais, porque mais intensos são os sentimentos que os fundaram.

Esta coleção de pensamentos, que ora se apresenta, foi escrita precisamente no ano de 2003 na cidade de São Paulo e é um modesto retrato, como toda coleção, de um determinado tempo e espaço.

Os meus pensamentos colho na esquina, são vulgares, autênticos e lúdicos, inconclusos, esperando alcançar sua vocação de trocas a perder de vista.

E aí vai.

O MEDO

O medo é muito presente, assustador. De que temos medo? Daquilo que não aconteceu ainda e que se acontecer será doloroso, talvez fatal. O medo antecipa situações difíceis.

O medo da morte é talvez o mais justificado. Acho que todos os medos são, de alguma forma, decorrentes do primitivo medo da morte, da separação e do desconhecido.

A feição do medo é o medonho. Medo do natural e do sobrenatural é o que me salva da loucura.

Sinto muito medo e gosto e saber que, com medo, não ficarei louca.

O meu medo maior é de perder-me e não encontrar o caminho de volta: nunca presto atenção no caminho de ida. Olho a paisagem, não o itinerário. Olho o recheio e não o limite.

A lógica do medo é de criar ele mesmo mais medo. Quando estou com medo qualquer detalhe é um importante potencial para aumentar o medo. O medo se reproduz com incrível rapidez e contamina.

Porém, se um pouco de medo é necessário para continuarmos vivos, muito medo paralisa e nos torna presa fácil do motivo mesmo que nos leva ao medo.

O medo é perverso, tem várias faces: quando estou desamparada, tenho medo de a solidão me engolir. Quando estou feliz, tenho medo de que algo destrua minha alegria, se intrometa em meu prazer e me jogue no desamparo.

A imagem do medo é o escuro. A floresta com sua orquestra desconhecida, perfeita, sinistra, onde não há rosa dos ventos que nos oriente.

O medo tem a ver com coragem e covardia: coragem é domar o medo, covardia é ser dele refém.

BEATRIZ DI GIORGI

Por isso busco o prazer, porque para ter prazer é preciso coragem de vencer o medo e se entregar às delícias, aos delírios.

Dá vontade de assassinar o medo. Mas sem medo morreremos. É preciso domar o medo como se doma um leão.

A gente nasce com o leão do medo. A gente nasce para domar o leão do medo e carregá-lo domesticado pela vida afora. Nessa luta cotidiana, ficamos ora montados heroicamente no leão, ora na boca dele. E assim caminha a humanidade, entre a covardia e a coragem, regida pelo medo e o regendo.

O medo marca a carne. Marca e desmarca compromissos. Faz a gente fraquejar. Faz a gente superar e sentir prazer. Faz a gente não pirar. Faz parte da gente.

E aí fica a pergunta: o medo é da natureza ou da cultura da gente?

NATUREZA E CULTURA

Esse pensamento é daqueles que são comentários.

No tempo em que eu fazia escola primária, ensinavam que a realidade se dividia entre natureza e cultura. Pelo menos assim eu entendia a mensagem com meu repertório infantil.

Eu tinha uma intuição de que essa dicotomia não era muito rigorosa. Confesso, porém, que me divertia à beça procurando e recortando em revistas figuras "da natureza" e "da cultura". Se eu encontrava uma árvore, colocava-a no time da natureza. Já um livro compunha o time da cultura.

Dava-me alento enxergar o mundo dessa forma.

Inevitável era questionar em que lugar a humanidade está nessa divisão. Pensava: meus cabelos são da natureza, cortar o cabelo é da cultura. Tenho necessidades naturais e culturais e quando as sinto não é possível discernir de que natureza são.

Natureza e cultura na nossa vida são quase a mesma coisa.

Enxergamos a natureza a partir de uma perspectiva cultural. E temos a cultura por nossa própria natureza.

No entanto, aquela singela divisão entre natureza e cultura me divertiu, me formou um espírito crítico. Lembro-me dela com tanto carinho como das histórias infantis clássicas.

HISTÓRIAS INFANTIS

Os personagens das histórias infantis são como amigos e inimigos nossos. De uma forma ou de outra travamos com eles um conhecimento, um vínculo grande.

Convivi durante muito tempo com os personagens das fábulas clássicas e alguns deles me seduziam muito. Travava diálogos, questionava comportamentos e, muitas vezes, não concordava com a imagem ilustrada deles que constava nos livros e nos filmes das histórias que estrelavam.

Chapeuzinho Vermelho me inquietava. Achava muito estranha a identidade dela associada a uma peça de roupa vermelha que ela usava sempre. Por que usava sempre um capuz vermelho? Eu ficava em dúvida se ela tinha uma única roupa ou várias iguais. E mais: quem decidiu que ela usaria sempre aquela roupa? Teria sido ela? Duvido.

Duvido, porque a própria história dá pistas sobre a autonomia de Chapeuzinho, da capacidade de ela decidir sobre seu destino, e o figurino vermelho parecia imposto, talvez para ela se destacar e sofrer menos riscos, talvez.

Convenhamos, foi justamente uma decisão independente dela (de tomar o atalho), contrária aos conselhos recebidos, que lhe causou tantos problemas.

Todo esse contexto de Chapeuzinho me incitava, me dava uma revolta. Ela merecia que o uso da liberdade levasse a um resultado mais prazeroso, mais agradável.

A coitada foi condenada por querer chegar rápido à casa da Vovozinha. Não! Nunca me pareceu justo.

Ainda assim eu adorava a Chapeuzinho, que sofreu as consequências de sua coragem, de sua falta de medo, por sua ousadia de ir bem sozinha pela estrada afora.

Outro aspecto que me intrigava na história era o comportamento do Lobo Mau. Por que não comeu a Chapeuzinho no atalho? Se o objetivo dele era devorar a menina, não era necessário todo o requinte de se vestir de Vovozinha. Qual é a do Lobo Mau?

Algumas vezes tive uma espécie de pena dele. O Lobo Mau parece ser frágil por querer ser igual à Vovozinha. No fundo, no fundo, talvez ele quisesse ser objeto do amor e desejo do Chapeuzinho.

Como era um ser repugnante e estigmatizado jamais conquistaria o afeto da Chapéu. Resolveu então ser a Vovozinha.

Nunca tive certeza se o Lobo comeu a Vovozinha ou a escondeu no armário. O importante é que, segundo todas as versões, ele de fato se travestiu de Vovó.

O Caçador era outro personagem estranho. Nunca simpatizei com caçadores, sempre me pareceram meio cruéis, meio sádicos. No entanto, foi ele o salvador de Chapéu e da Vovó e o carrasco do Lobo.

É inegável o potencial infinito que têm as fábulas de nos levar à reflexão e de pensar a realidade. Não são nada simples essas histórias. Não é nada simples viver. Por isso produzimos pensamentos.

As histórias infantis são aparentemente maniqueístas. Não creio nisso. Elas permitem visualizar os personagens com humanidade, com qualidades e defeitos.

As histórias infantis são mesmo muito parecidas com os mitos. Nunca me esquecerei do filme grego *Nunca aos domingos*, no qual a personagem principal, Ilia, assistia à trágica *Medeia*. Enquanto todos choravam, ela gargalhava, feliz, e quando questionada de sua atitude supostamente inadequada frente à tragédia do homicídio dos filhos pela própria mãe, ela respondeu prontamente: "Você acreditou?"

Podemos acreditar e desacreditar. As boas histórias nos permitem isso, nos estimulam a duvidar e crer simultaneamente. Todas as histórias infantis fabulosas, em maior ou menor medida, contêm a referência à culpa.

Seja da cultura cristã ocidental ou da própria natureza humana, a culpa, assim como o medo, não se ausenta das relações entre pessoas, objeto das fábulas infantis.

A CULPA

No mundo jurídico, no Direito, a culpa se atribui a alguém que pratica um ato ilegal por negligência, imperícia ou imprudência. Quando se diz, juridicamente, que alguém teve culpa na prática de um ato ilegal, isso significa que essa pessoa não teve intenção de ter alcançado aquele resultado, simplesmente uma espécie de "desleixo" seu causou aquela consequência infeliz.

Para o Direito, quando o responsável praticou um crime com intenção de cometê-lo se diz que houve dolo dessa pessoa. Daí vem o termo "crime doloso".

Tanto os crimes culposos como os crimes dolosos ensejam punição, sendo que, constatado o dolo, a pena é maior.

No mundo das relações cotidianas humanas, o sentido da culpa é diferente: quando alguém pratica um ato que tem um resultado considerado desastroso, ele é tido como responsável, como culpado, por causar o determinado resultado.

De uma forma ou de outra, pelo senso comum, somos sempre culpados. Toda opção gera uma dose de culpa por não termos seguido um ou mais dos inúmeros caminhos que a opção abortou, aniquilou.

A Constituição Federal estabelece que ninguém será considerado culpado até prova em contrário. É a chamada inocência presumida, que na prática não funciona tão bem.

Bom, voltando a vida real, se somos, em certa medida, culpados sempre, daquilo que fizemos ou deixamos de fazer, posso considerar que somos inocentes sempre.

Como sempre nos sentimos culpados, não abrimos mão da possibilidade simbólica de desfazer o ato que enseja a culpa e pedimos desculpas aos outros, e pedimos desculpas a nós mesmos. Às vezes nos desculpam, às vezes não. Como também nem sempre a gente consegue se desculpar.

Com perdão ou sem perdão, continuamos fazendo opções que são uma espécie de mote para ter culpa.

Sartre, em sua famosa frase "o homem está condenado à própria liberdade", fala da condenação que é escolher. Estamos condenados a sofrer o que poderia ser e não foi.

Muita gente diz que só se arrepende (tem culpa) do que não fez. Esse arrependimento, essa culpa, é talvez inevitável à nossa condição humana.

CONDIÇÃO HUMANA

Humanos. Animais, bípedes, mamíferos. Quem é essa gente? O que define esses homens e mulheres como gente?

Não é mentira, não: desde os primórdios tenho um sentimento verdadeiro de carinho por pessoas. Sou daquelas que engrossa os adeptos do clichê: gosto de gente. De outros animais, não tanto. Eu respeito a qualidade de ser vivo deles, mas não tenho afeto por bichos como por gente.

O conceito de condição humana é um tipo de pacto de reconhecimento da espécie que firmamos. Somos meio incompetentes para cumprir esse pacto, é verdade. Talvez os animais tenham mais facilidade de assimilação desse pacto. Parece-me que alguns cachorros têm mais noção de sua condição canina do que algumas pessoas de sua condição humana.

As pessoas na História, constroem, sem trégua, referências para assegurar direitos que buscam igualdade, justiça, dignidade. Fico com a impressão, entretanto, que essa construção é mais um exercício de retórica (que tem um viés de dominação) do que algo propriamente baseado na convicção de que esses direitos sejam realizáveis. Defender nossa humanidade genérica é uma utopia agradável, que poucos acreditam ser possível.

Temos a impressão de que a humanidade se distingue de outras condições animais precisamente por diferenciar necessidade de desejo. Parece ser assim. Para nós é possível ter por um lado as necessidades meramente fisiológicas e por outro desejos afetivos e intelectuais.

A humanidade é talvez o grupo animal que tem maior compulsão de criar, construir, muitas vezes apenas por diletantismo.

Infelizmente, por estarmos sempre construindo, destruímos na mesma proporção.

BEATRIZ DI GIORGI

O mais chocante é que muitos humanos, dotados da condição humana, têm mostrado por um desprezo assustador pelos pares da mesma espécie, com os quais não se identificam. Sentimentos sinceramente nobres só temos para aqueles que enxergamos à nossa imagem e semelhança. É triste, mas essa constatação explica a indiferença que temos com a miséria. É uma indiferença afetiva. Mesmo que do ponto de vista intelectual sintamos o dever interferir, e mesmo que efetivamente tomemos atitudes.

Vislumbro quase uma impossibilidade de estabelecermos um vínculo afetivo autêntico com a humanidade em geral. Esse parece ser um privilégio de algumas relações.

Mas há um aspecto que sobressai nos humanos, além da fantástica capacidade de comunicação verbal. Esse aspecto é a força do olhar.

O olhar humano que se umedece e chove, que fulmina, que atrai e repele, que é o ponto de vista, a imagem da esperança é, para mim, a marca mais significativa da condição humana.

O OLHAR

Minha primeira lembrança da paixão pelo meu próprio olhar: criança, eu passava o tempo me intrigando com meu olhar no espelho e gostando de imaginar que meu olhar virtual olhava com curiosidade o meu olhar real. Olhos e espelhos guardam sentidos muito semelhantes, se encontram na projeção, na reflexão.

Um espelho em frente a outro é como uma enorme troca de olhares. A circunstância determina se em estado de retrato ou de cinema.

Existem trocas de olhares que, diante da intensidade que a provocam, são estáticas, tal qual retratos que se eternizam na memória. Há trocas de olhares mais dinâmicas, ativas e efêmeras. Estas restam na memória como uma sensação, olfativa, auditiva, táctil e com sabor. Às vezes, são tão profundas que forjamos cenas de cinema com todos os sentidos a postos.

Acho o olhar um sentido que provoca muitos outros sentidos. Gosto tanto de olhar que, às vezes, constranjo as pessoas que se afligem com olhares demorados. Quando, às vezes, paro meu olhar em alguém, meus sentidos se aguçam e aquele olhar vira sentimento, vira pensamento. Juro que não quero engolir ninguém. Só enxergar melhor outras coisas.

Tem gente que fala que a estão "secando" com o olhar quando alguém a olha diretamente. Há quem acredite no "olho gordo", que é um olhar alheio tão guloso que "devora" a gente, seca a gente: olhar canibal.

O olho gordo é a própria imagem da inveja. Uma espécie de olhar invertido, que não encontra em si a personificação de seu desejo e o busca no outro. A inveja se consubstancia no olho gordo, guloso, que, insaciável, quer engolir o mundo, em busca de encontrar algum prazer, alguma graça na vida.

BEATRIZ DI GIORGI

Vista grossa é outra coisa, é olhar fingindo que não vê. É o próprio disfarce do olhar, que se venda sem deixar de existir. Tem pessoas que fogem de olhares, deliberadamente desviam. Outras nem fogem, pois jamais encontram outro olhar. Isso é triste.

Eu busco não ter olho gordo nem fazer vista grossa. Quero antes os olhos como um espelho de portas abertas, que me permita mergulhar como no útero maternal.

Olhares e palavras, palavras e olhares. Gosto dessa combinação. Palavra sem olhar é árida. Olhar sem palavra deixa os sentidos pouco entendidos.

A palavra fala para o olhar que ama, e o olhar olha e concorda.

AS PALAVRAS

A coisa mais linda do mundo é observar o processo de apropriação das palavras pelos bebês, que começam, nessa relação, a virar gente.

E a coisa mais ridícula do mundo é ver os adultos deturpando, violando, as palavras para supostamente conversar com as crianças. As palavras são sagradas. Em algumas circunstâncias, falá-las é realizar algo concreto, importante, emergente. Palavras são armas.

Todo ato, procedimento, por menos que a gente perceba, é precedido por palavras. Antes de aprender a manipular as palavras aprendemos a compreender como os outros fazem com as palavras.

As palavras saltam dos dicionários. Saltam dos corações, se combinam, fazem guerra, humor e bagunça.

Há situações em que nos falta a palavra adequada, às vezes nem existe e é preciso inventar. Às vezes ela se recusa a ser falada, nos faz gaguejar e buscar um sinônimo ou expressão semelhante. Acredito que quase sempre há uma palavra própria para designar algo. Na falta dela, vamos para a frente e usamos coringas.

Um colega da faculdade de Direito me contou a história real ou fictícia (não importa, porque seu sentido é valioso) de que, certa vez, seu avô estava num Tribunal do Júri, como advogado de defesa de um réu, e o promotor de justiça que acusava o seu cliente estava convencendo o juiz e os jurados, pois, a cada três frases que falava, duas eram citações (inventadas ou não) de juristas famosos. O avô do meu colega estava aflito, sentindo a derrota jurídica chegando pela ausência de citações. Achava que tinha ótimos argumentos, mas todos de autoria própria. Nervoso que estava, pediu licença para ir ao banheiro, onde foi pegar papel para enxugar o suor do rosto. Ao fazer isso, leu, no aparelho onde estavam os papéis absorventes, a marca Lalekla.

Voltou imediatamente à sala do julgamento e iniciou sua arguição dizendo: "como afirmou o pensador grego Lalekla" e continuou a exposição própria de seus pensamentos. O réu foi absolvido graças a parceria entre Lalekla e o avô de meu colega.

Adoro essa história porque ilustra bem o absurdo que muitas pessoas cometem de valorizar absolutamente uma aparente erudição, sem avaliar o interlocutor e o cabimento da mensagem.

No caso de Lalekla, a estranha palavra chegou a tempo. Mas em muitas situações, apenas quando, passado um tempo, a palavra nos vem e o trem já passou: resta o "eu devia ter dito que..." As palavras são sacanas conosco quando não temos certeza se queremos mesmo dizer aquilo, se queremos ser felizes, mordazes ou cruéis.

A música e a palavra são eternas namoradas. Palavra mágica é aquela que é uma espécie de senha que permite o acesso a situações novas, experiências excitantes.

A paixão e a convicção nos aproximam de palavras mágicas. Quando nos envolvemos com alguma pessoa ou ideia, de jeito inteiro, irretornável, as palavras vêm junto e fazem maravilhosas reconstruções do real, que fica colorido.

Mas há também as palavras que ferem e nos atacam como setas envenenadas. Uma palavra ferina que nos atinge, vulneráveis, tem poder de entrar na nossa biografia e passa a morar com a gente. Dá trabalho expulsar da vida as palavras de destruição que recebemos. Daí, é preciso ir ao encontro de uma palavra mágica que neutraliza ou aniquila a palavra inimiga. Para isso é preciso recobrar a paixão, reinventar a alegria e a ingenuidade.

As palavras mágicas nos visitam quando estamos sendo autênticos, sinceros, com nosso próprio desejo. Para chegar a essa condição, é preciso uma boa dose de ingenuidade.

INGENUIDADE

Costumam confundir ingenuidade com burrice. Não tem nada a ver. Ser ingênuo é acreditar, muitas vezes contra todas as evidências, que as pessoas são bem-intencionadas e que a crueldade é exceção.

É preciso ter tido experiências infantis felizes para poder ser ingênuo. Experiências prazerosas nos liberam da noção de que precisamos estar sempre na defensiva.

Ser ingênuo é permanecer acreditando que as pessoas que encontramos no mundo são familiares e, a princípio, nos desejam felicidades.

É possível que a maioria das pessoas burras seja ingênua. Mas nem todo ingênuo é burro. Burrice não se escolhe. Ingenuidade é, muitas vezes, uma opção, representa a escolha de tentar entrar puramente nas relações humanas, sem dogmas ou preconceitos, embora isso não seja totalmente possível.

A malícia corre atrás da gente e quer nos contaminar pela ideia da competição.

A ingenuidade permite-nos enxergar o óbvio. Quando somos ingênuos, é permitido pôr as letras bem perto dos olhos e isso possibilita enxergarmos detalhes óbvios que não veríamos caso o espírito crítico, defensivo preponderasse.

Ingenuidade e inocência têm muito em comum, mas a ingenuidade não pressupõe, necessariamente, o desconhecimento das consequências, enquanto a inocência é a própria inconsciência dos resultados.

A inocência já se vai perdendo ao longo da vida. A inocência é ilusão.

A ingenuidade na idade adulta é pura teimosia. Desejo ser mais ingênua do que consigo. Tenho enorme admiração pelos ingênuos, que são teimosos, se fazem de bobos e se fazem de crianças. Até mesmo para os sádicos deve ser difícil magoar um ingênuo legítimo. Digo ingênuos legítimos porque acho que o cúmulo da malícia é se fingir ingênuo. Nada mais eficaz: se fazer maliciosamente de bobo para satisfazer um objetivo caprichoso, que envolva manipulação da vontade alheia.

A autêntica ingenuidade faz as pessoas ficarem bobas pela vida. Quase nunca consigo ser tão ingênua como quero. Repito isso eternamente. Para mim, a ingenuidade se associa definitivamente às dúvidas existenciais. Lembrar que elas existem é uma enorme teimosia, é nadar contra a corrente.

Deixar-se levar por essa suposta conversa de dúvidas existenciais é *démodé*, inconveniente socialmente, e por isso uma atitude terrivelmente ingênua.

É evidente que dúvidas existenciais não são assunto que deva ser desenvolvido nos contatos sociais. Para que falar disso? Resta aos ingênuos encarar as perguntas que pululam.

DÚVIDAS EXISTENCIAIS

Enquanto outras crianças pareciam preocupadas em brincar, eu passava horas pensando em como o mundo tinha começado, quem éramos nós, o que era esse negócio de infinito. A ideia de infinito me deixava praticamente louca, porque precisamente essa ideia me remetia a um gosto amargo de finitude. O infinito era o limite que não me permitia dar fim, conclusão, aos meus questionamentos metafísicos.

Criei, portanto, uma fantasia que me consolava por um lado, e por outro me dava uma vontade enorme de crescer, ser adulta. Tinha a fantasia de que os adultos tinham as respostas às minhas dúvidas existenciais primárias e que qualquer pessoa, ao se tornar adulta, teria naturalmente acesso às respostas de meus questionamentos.

Achava que as respostas envolviam uma espécie de segredo, que deveria ser fatal para as crianças, mas essencial para vida adulta.

Tudo isso gerava em mim uma enorme curiosidade, e a brincadeira mais gostosa era ficar escutando conversa de adultos. Imaginava que alguma dica poderia ser dada e eu talvez descobrisse a senha. Tinha medo de descobri-la e ficar doente ou qualquer coisa assim. Talvez as respostas fossem "muita areia para o meu caminhãozinho".

Com um sentimento ambíguo de medo e de desejo, eu escutava, escutava, e nenhuma revelação aparecia.

Então inventei um método para continuar brincando, investigando. No meio da conversa dos adultos, que eu simulava não estar prestando atenção, fazia uma pergunta de que já sabia a resposta, só para ver se não me mentiam. Não me mentiam, geralmente. E meu teste não obtinha nenhum resultado concreto.

O fato de os adultos não me mentirem indicava talvez que eles estivessem sendo sinceros quando respondiam que não havia resposta para dúvidas existenciais.

Quando eu perguntava como começou o mundo, de onde viemos, me respondiam que a criação da humanidade, para quem era religioso, correspondia a sete dias do trabalho de Deus. A ciência, complementavam, explica que houve uma grande explosão e assim foi criado o mundo. Resposta certa, concluíam, não há.

Fato é que as duas explicações não prescindiam da ideia do infinito. Explicar, explicavam, mas Deus é infinito e infinito é conceito científico.

Esse inexplicável me incomodava e não queria admitir que as dúvidas existenciais eram infinitas. Ora, se a morte era certa, morrer sem desvendar a ideia de infinito me parecia ilógico e quase uma sacanagem.

Tornei-me finalmente adulta, e certifiquei-me da sinceridade daqueles que diziam não ter respostas para meus questionamentos infantis.

Mas uma coisa percebi: evidentemente as dúvidas existenciais não sumiam, não desapareciam da vida das pessoas apenas pelo fato de se tornarem adultas. Daí concluí que cicatrizam. Se tornam uma ausência presente, com a qual aprendemos a conviver. Apontam uma nostalgia de dor, mas não doem propriamente. São como cicatrizes as dúvidas existenciais.

Talvez isso explique a recusa, a incapacidade de algumas pessoas se tornarem adultas: não conseguem cicatrizar suas dúvidas, de jeito nenhum.

CICATRIZES

As crianças lidam muito bem com as feridas, com os machucados. Aparentemente os fazem desaparecer completamente. Quando eu era adolescente, a mãe de uma amiga afirmou ter percebido, na pele, que as cicatrizes de machucados antigos apareciam na época da maturidade. Ela percebia que machucados que ela e o marido tiveram na vida, e que aparentemente não tinham deixado marcas, reapareciam na idade madura em forma de cicatrizes que emergiram lentamente.

Na época achei essa história uma loucura. Não consegui acreditar concretamente. Acreditar me parecia aderir a fatos inventados para compor uma metáfora.

Embora hoje, décadas mais tarde, não tenha ainda verificado na pele, se eram verdadeiros os fatos relatados, confesso que a suposta metáfora me pegou.

Os anos vão passando e precisamos cada vez mais buscar na nossa biografia elementos que revelem quem somos: uma marca, um objeto, uma foto, um retrato, um livro ou um filme para nos avisar, com intensidade, que estamos vivendo vários tempos ao mesmo tempo.

O passado passa a ter o corpo definido e queremos mantê-lo digno, coerente. Uma ficção baseada em fatos reais é todo dia criada e recriada e a ela damos o título de passado. Às vezes, no presente, as cicatrizes do passado são muito evidentes e não queremos, ou não conseguimos, incluir na história da nossa vida privada as feridas que as motivaram.

É preciso, entretanto, encarar essas marcas porque a perspectiva de futuro cheio de narrativas (e todos nós, a princípio, nos desejamos um feliz futuro) se torna mais presente com os anos.

As cicatrizes se incorporam a nós e não há cirurgia plástica que as remova. É preciso ver beleza nelas, é preciso conviver dignamente com elas.

BEATRIZ DI GIORGI

Em muitos momentos fica difícil atingir esse ideal, e, literalmente, com vontade, varremos a sujeira para baixo do tapete. Mas as alternativas existem, busco ser criativa e usar o tempo que vivi em favor de ser feliz. Posso, então, em algumas situações, reviver completamente minha identidade adolescente e me permito sentir como sentia, me divertir como me divertia. Fazer esse exercício com consciência da brincadeira que representa, sabendo que não sou mais quem finjo que sou, é uma verdadeira delícia e, muitas vezes, diminui a importância das cicatrizes, que deixam de ser vistas com o significado pesado, torpe.

Por trás das cicatrizes tem sempre uma história de dor, de desilusão. A cicatriz escondida ou incomodando é uma dor latente, potente, que precisamos enfrentar.

As cicatrizes precisam de bálsamos, remédios, soluções para não ganharem terreno em nós.

OS BÁLSAMOS

Para amenizar as dores, existem os bálsamos. A melhor imagem do bálsamo é ficar um bom tempo imersa na água do mar sob o sol quentinho.

Os bálsamos, para serem eficazes, precisam nos relaxar, fazer esquecer aquilo que dói. Lembrar-nos da dor, percebê-la, é o que dói mais. E precisamos do sol, com sua poderosa energia, para nos fortalecer e nos dar condições de superar o motivo da dor.

Atrás da dor tem um motivo sério. Como a função dos bálsamos é distrair dores, eles são precários e pontuais. Porém, bons bálsamos são necessários e insubstituíveis, até porque as dores se multiplicam. A pior dor é a dor da dor.

As dores físicas, quando são consequência de um ferimento conhecido de cura provável, são diferentes de dores físicas de origem desconhecida.

Todas as dores merecem bálsamos. Ninguém merece ficar à mercê da dor. É preciso se entorpecer. Os bálsamos são, portanto, uma espécie de droga, que se propõem a oferecer uma nova perspectiva.

Os bálsamos são a esperança. A esperança é a última que morre. Os bálsamos não têm poder de evitar a morte. Talvez o povo egípcio embalsamasse seus mortos, mantendo intactos seus corpos, para manter viva a esperança de superação do fim.

A vontade de viver é um grande bálsamo. Quando estamos sob o efeito de bálsamos, estamos sob a ilusão de que temos possibilidades infinitas.

Dizem que a dor é sinal de vida: aniquilada a dor, há a morte. Não quero acreditar completamente nisso, mas admito que há um fundo de verdade nessa afirmativa. Jamais me esquecerei da fala de uma amiga que sofreu um acidente, com risco de morte. Foi se recuperando e afirmava categoricamente que sentir dor era sentir vida. O bálsamo dela era a própria sensação de dor, que lhe indicava a melhora gradativa, apontava a possibilidade de cura e combatia a dor da morte iminente.

A contradição no encontro de opostos se revela uma força quando pensamos nos bálsamos. O budismo, por exemplo, entende que a superação da dor se dá pela superação do desejo. O bálsamo do budismo, o grande desejo, é superar os desejos.

Outro dia, um amigo afirmou que, se eu pensava demais, deveria meditar, pois a meditação era a ausência de pensamentos. É possível e impossível, ao mesmo tempo, acreditar nisso. É possível pois acredito que quem medita sente realmente estar livre dos pensamentos. É impossível porque a noção de não pensar é um pensamento. É que pensamento intenso, maluco.

Os bálsamos remetem, pelo sim e pelo não, à questão da sanidade, principalmente a mental.

Não dá para pensar em bálsamos sem lembrar da loucura. Uma ideia ronda a outra.

LOUCURA

Abençoados sejam os loucos! Loucos que inventam, que incomodam, uni-vos. Esse poderia ser um *slogan* para o partido de loucos. Mas isso não existe, porque loucos não são partidos, são inteiros.

Uma vez meu pai disse que há duas espécies de loucos, os dementes e os criativos.

Abençoados sejam, portanto, os loucos criativos.

Loucos dementes, destrutivos, incomunicáveis ou estão nos hospícios (que não deveriam existir) ou ocupando cargos de poder.

Loucura é uma qualidade atribuída aos loucos. Porém, essa palavra é muitas vezes usada para designar uma aventura maravilhosa. Loucura é também usada para indicar um fato ou uma situação inusitada, surpreendente.

Posso supor, portanto, que haja uma espécie de encantamento na loucura, alguma delícia.

Mas é o éden proibido para os pobres mortais em seu cotidiano. Os pobres cidadãos, escravos do mercado, podem enlouquecer um pouco em ocasiões próprias para a loucura.

Só que loucura que é loucura não admite restrições. Ela irrompe. É a mãe de todo o humor, de toda tristeza e de toda alegria.

Loucura é a capacidade de ter um ponto de vista diferente da maioria. Louco é aquele que enxerga na realidade algo diferente, avisa do óbvio que não queremos ou não podemos aceitar.

Moro na cidade grande, que só faz crescer, cheia de loucos. E esse povo da metrópole tem o hábito de ignorar, de tornar invisíveis os seus loucos, se os deixa soltos. Ou se não, os acorrenta e os torna invisíveis, imóveis. É muita maldade com a loucura: loucura invisível e acorrentada no mundo.

BEATRIZ DI GIORGI

Nos povoados pequenos o tratamento com a loucura é diferente, eles transitam, vagam, bagunçam e são semi-invisíveis, mas livres, reconhecidos. Os homens simples protegem a loucura.

Quem diz da loucura é o suposto não louco. A loucura do considerado louco não se escuta. Nada pior que ser traduzido por aqueles que não enxergam pelo mesmo ponto de vista.

Aqueles que usam drogas, sobretudo as ilícitas, se autodefinem como loucos, malucos. A sensação que segue ao ato de consumir drogas ilícitas é expressa com o termo "ficar louco". Estar louco é, portanto, estar sob efeito de drogas psicotrópicas.

Estou louca, então, quando altero minha sensibilidade e tenho coragem de me comportar de forma não esperada.

Loucura é uma capacidade de reconstruir uma espécie de intimidade com sua identidade.

Tenho certa autoridade para falar de loucura. Hoje, no final da minha quarta década de vida, me surpreendo ao saber que meus amigos e conhecidos me consideravam uma adolescente louca, que enlouqueceria definitivamente na vida adulta.

Surpreendo-me, pois nunca me considerei louca. Não me senti louca definitiva. Apenas ria muito. Ria de alegria, ria de nervoso, de ansiedade, de tudo. Ria até por não saber o que estava sentindo. Minha risada era uma forma de comunicação. Era palavra balbuciada. Acho que não entendiam.

As ciências médicas e a psicologia têm lá suas categorias de loucura. Tentam curá-las. Se não conseguem tentam amenizá-las.

Acho certa a afirmação de que a loucura é de todos nós. Loucura é a incapacidade que temos de lidar com as diferenças. Algumas pessoas vestem a loucura como para nos avisar que tem algo de podre no Reino da Dinamarca.

Louco criativo, viva! Multiplique-se!

A loucura só é possível se o sujeito conhece o céu e o inferno de ser autêntico. A loucura vira piada, é motivo de chacota, porque ela é irmã gêmea do senso de humor.

SENSO DE HUMOR

Não é fácil ter senso de humor hoje em dia. No entanto é fundamental.

Senso de humor garante qualidade de vida. Para ter senso de humor é preciso ter sensibilidade para todos os humores. De alguma forma, intuitiva ou não, é preciso conhecer os estados de espírito pelos quais a humanidade passa, compreender os significados. Daí é só rir, fazer rir. Esse é o maravilhoso potencial que o senso de humor apresenta, o potencial da gargalhada.

Poderia fazer uma lista que ocupasse um rolo de papel higiênico indicando quais as características que são ameaçadoras ao senso de humor. Essa lista seria iniciada com a seguinte frase: "Beatriz adverte, chatice faz mal ao senso de humor".

Várias formas de comportamento são contrárias ao senso de humor. Vou poupar a mim mesma dessa lista, pois a organização dessas ideias representa um assassinato do senso de humor.

Não é fácil identificar o senso de humor. É possível encontrarmos pessoas bem-humoradas absolutamente desprovidas de senso de humor, aqueles tipos que ouvem a piada e nada.

Por outro lado, há mal-humorados históricos dotados de um refinadíssimo senso de humor, meio ferino, mas sofisticado.

Costumo eleger como amigos gente que tem senso de humor completo. Procuro essa gente no mundo como agulha no palheiro.

Senso de humor completo é a capacidade de superar o aparente senso de humor ferino apenas e aproveitar todas as piadas, desde as escatológicas até as politicamente incorretas, para gargalhar muito e acrescentar novidades para a relação de amizade.

BEATRIZ DI GIORGI

Com gente sem senso de humor até convivo. Esses são apenas companheiros. Mas pessoas essenciais mesmo são aquelas que me compreendem com um olhar, as que desarmo com humor e me atingem com piadas.

Acho que quem compartilha uma boa piada tem muita chance de estender a mão na tragédia.

Tem gente que vive na minha memória só rindo, me divertindo. Essa gente não quero ver triste, e, em situação dolorosa, procuro logo um bálsamo para oferecer.

Existe uma lógica de preservação de comunidade dotada de humor, do sentido do humor. Quando era criança, havia na TV um programa humorístico cujo nome era era Faça Humor, Não Faça Guerra. Sempre achei esse título genial. O verdadeiro antônimo da guerra é o humor.

Melhor estratégia para resolver um conflito é o humor. Por isso que o povo diz que é preciso saber rir de si mesmo. Identificar o palhaço em nós salva-nos da idiotice e nos torna mais generosos.

Quando reconhecemos alguém com senso de humor que bate com o nosso, o vínculo afetivo se fortalece. Aquele que nos faz rir, sabemos, pode nos fazer chorar.

É, há um poderoso vínculo afetivo entre os que se entregam ao senso de humor tendo como bússola a busca do prazer, da diversão.

VÍNCULO AFETIVO

O meu sentimento sobre o vínculo afetivo é que ele se constrói a partir de uma sensação sobre a pessoa objeto do afeto. Em outras palavras, vou começando a gostar de quem me afeta por algum motivo.

Na infância, meus afetos, afora os familiares que já vieram junto comigo, vieram chegando através dos cinco sentidos.

Advirto que qualquer semelhança com os fatos não é mera coincidência. Tive vínculos de amizade com algumas pessoas e há décadas não as vejo. Por isso, pensei em dar-lhes nomes fictícios, mas prefiro pôr uma letra, suposta inicial dos respectivos nomes, para mencioná-las.

G tinha cheiro de biscoito, tão gostoso. Era uma menina pouco dada a conversas. Alguns adultos a tachavam de limítrofe. A mãe era costureira e o pai tinha permanentemente um rádio colado aos ouvidos, que eu achava que fazia parte do corpo dele. Diziam que os pais eram mais velhos porque tinham tentado por anos engravidar e por não terem conseguido adotaram G. A mãe dela gostava de mim e buscava me agradar com vestidos que fazia para mim. Era uma gente esquisita aquela, pareciam personagens de ficção. Eu gostava deles com intensa sinceridade. Tanto pelo cheiro de biscoito da amiga, como pela imagem lúdica e engraçada que a família tinha.

Comecei a gostar da amiga C pelos seus lindos olhos, sua letra perfeita e sua cara de princesa. Depois vi como era gostoso brincar com ela, como era inteligente.

Enfim, os afetos começam por sensações agradáveis que são transmitidas pelo outro. Continuam se aquele sentido inicial se confirma.

Quando eu era bem pequena, meu irmão mais velho confidenciou-me sua mais recente descoberta, falou-me que tinha percebido que o amor não era puro, vários fatores o formavam: a beleza, a identificação, a convergência de interesses (às vezes não tão nobres), etc. Escutei e não tinha nenhuma experiência para discordar ou concordar. Apenas gravei.

Tenho uma ideia de que os vínculos afetivos que tivemos na vida pegam na gente para sempre. Assim, uma relação afetiva, por mais que tenha se destruído, fica na nossa memória e, por maior que seja nosso esforço, não podemos jogá-la no buraco da indiferença. Podemos fingir, mas o que foi de alguma forma ainda é, compõe nossa identidade.

Costumam dizer que, quando temos uma antipatia gratuita exagerada por alguém, é porque essa pessoa tem alguma característica que reconhecemos como nossa e com a qual não conseguimos lidar. Da qual não sabemos gostar. Não sei se isso corresponde aos fatos. Também não importa, é impossível saber exatamente o que vai no coração alheio, o que vai no nosso coração.

Eu sei que boto os meus sentidos em ação e não penso por que gosto. Sei que gosto dos companheiros de risada.

Sei que não gosto de gente ruim. Mas o que é gente ruim? Gente que a gente não quer ser, gente que faz e fala coisas que a gente não gostaria de autorar. É, talvez seja aquela gente que explicite nossa sombra.

Acho bem engraçado o ditado que afirma que "quem ama o feio, bonito lhe parece". Pode ser, assim até me animo a concluir que "quem ama o ruim, bom lhe parece".

Bondade e beleza são verdadeiros suportes do vínculo afetivo. Nessas qualidades cabe tudo de desejável. Também não são absolutas. São assim inatingíveis, idealização, como os afetos.

Atraio-me por quem me provoca, e crio vínculos, se for o caso. Depois, se a provocação se torna insuportável, destruo o vínculo, ou destroem o vínculo comigo.

Só que o vínculo fica em algum lugar do passado em mim e faz parte de mim. Gosto da nostalgia do vínculo quebrado. Às vezes não é possível nem ver mais a pessoa que um dia foi objeto de nosso afeto, que fica em nós, que nos orienta para novas relações.

Se os afetos ficam na história da gente, estão também na história da humanidade. Esse é o motor que faz do tempo uma sequência recheada de fatos, construídos por amores, provocações e desilusões. E os sentimentos intensos, na cultura patriarcal, são geralmente atribuídos às mulheres, a partir da ideia limitada de que os homens cuidam da razão e as mulheres da emoção.

Por isso esse vínculo profundo, intenso, entre os vínculos afetivos e a figura feminina.

A FIGURA FEMININA

Pensar sobre a figura feminina de certa forma me reporta a todos os pensamentos que tenho, pois a figura feminina é a minha identidade, onde transitam os pensamentos que capto por aí.

Mas devo admitir que é um pensamento forte em si. Para mim, já começou nas histórias da maternidade.

Meus pais contavam que, quando a minha mãe descobriu que estava grávida de mim, estava fazendo um tratamento médico à base de corticoides. O obstetra aventou, então, a possibilidade de os medicamentos terem prejudicado a formação do feto. Minha mãe prosseguiu a gravidez sem saber se eu tinha sido afetada ou não. Naquele tempo não havia ultrassonografia. Em um domingo ensolarado de setembro, nasci. Meu pai, aflito, antes de perguntar o sexo do bebê à enfermeira, questionou se o bebê tinha algum problema. Ela disse que tinha um problema sim, ser mulher. Essa resposta deixou meu pai furioso.

Essa é uma das primeiras histórias da minha vida. E aí começou a minha alegria em ser mulher.

Mais tarde, adolescente, me interessei pelo movimento feminista, frequentei reuniões e acho a causa justa e necessária. Sou feminista e acredito que a luta pela igualdade de direitos entre homens e mulheres é essencial.

Graças aos meus pais, nunca senti em casa qualquer tipo de discriminação em relação ao meu irmão. Pessoas iguais, tratamento igual, proporcional às necessidades humanas de cada um. Isso é grande sorte, digna de comemoração.

Na sociedade em geral, claro que percebi e percebo tratamento preconceituoso em relação às mulheres e muita violência.

No senso comum a figura feminina é, ainda, muitas vezes, associada a uma criança. Tanto nas chamadas qualidades como nos defeitos. A mulher é identificada com a criatividade, a intuição, o senso lúdico, a emoção prevalecendo sobre a razão, a impulsividade, a inconsequência, a irresponsabilidade. No imaginário social a mulher é um ser pueril que necessita ser tutelado, controlado, senão faz bobagem.

Em 2003, em pleno século 21, basta dar uma olhadinha no dicionário e verificar os significados atribuídos à mulher pública e ao homem público. Em síntese, percebemos que, enquanto a mulher pública é uma puta, o homem público é uma espécie de herói. É triste.

Por tudo isso, e muito mais, eu considero da máxima importância a luta feminista.

Eu acho que sou uma mulher privilegiada, principalmente pela educação da minha família, que deu suporte para me defender. Todas as mulheres têm que estar confortáveis e ser respeitadas por sua condição.

Meu pai falou uma vez que minha mãe poderia ter nascido cem anos depois, pois ela era feminina sem ser subserviente. Não se colocava na posição daquela que precisava ser cuidada: tomava decisões e assumia responsabilidades sem subterfúgios, falando o que pensava.

Antes de ter filhos, tinha um pensamento radical, achava que as diferenças psíquicas e emocionais entre homens e mulheres não existiam, eram um dado cultural, uma questão de educação.

Sou mãe de um menino e uma menina e convivo com amigos e amigas de ambos. Mudei de ideia. Há diferenças biológicas e muitas que a cultura criou, mas nada justifica uma desigualdade de tratamento por motivo de sexo/gênero. Uma amiga me contou que, quando adolescente, no século passado, viveu uma atração sexual recíproca por um homem mais velho. Não era amor, era tesão. Por questões morais e motivos diferentes, ambos ficaram constrangidos.

A vontade predominou quando o moço falou a ela que "erótico" era uma palavra derivada de Eros, deus do amor, e depois passou a ter um significado apenas sexual. Completou dizendo que o sexo e o amor se encontram num instante de beleza. Pronto, com essa cantada ficou garantida uma noite, um instante feliz para os dois. Foi um jeito interessante e suave de driblar, pelo menos momentaneamente, o que preconiza a cultura patriarcal, na qual mulher deve associar sexo ao amor e o homem, não.

O machismo está incorporado à cultura. E o machismo está em nós. É um desafio diário e necessário combatê-lo em todas as suas formas. Homens que batem em mulher, assediam, estupram, nem merecem respeito, e precisam ser repudiados. São odientos e é nossa obrigação lutar contra o homem que usa a violência contra a mulher.

Verifico que as mulheres infantilizadas, os homens dominadores, as mulheres independentes e os homens bacanas foram quase todos educados predominantemente por mulheres, mães, professoras, tias e avós. Grande parte da responsabilidade sobre esse estado de coisas é ainda dessa mulherada. Daí a necessidade da educação se focar sobre esse tema. A paternidade deve envolver mais cuidados. Homem e mulher, quem são, como são? São iguais em valor.

A sororidade é uma ideia nova que vem surgindo. A irmandade entre as mulheres precisa crescer. Muitas vezes me senti deslocada com os assuntos que as mulheres juntas desenvolvem. Foram situações de muita competição e uma mania de falar em linguagem cifrada, que às vezes não domino. Mas adoro conversar e passar horas jogando conversa fora, colecionando pensamentos com uma amiga ou duas, em particular, é uma delícia!

Dizem que a relação com o tempo é muito diferente para homens e mulheres, e que as mulheres têm uma capacidade premonitória um pouco maior que a dos homens, com base na crença de que a mulher vive em ciclos, avanços e recuos, e o homem tem uma relação contínua, linear, com o tempo. Será?

A figura feminina remete à figura masculina e vice-versa. A humanidade se compara muito por essas referências, os gêneros da espécie humana explicam e completam uma definição. E dentro dessa lógica cultural, me entendo como mulher, me vejo como mulher. Apesar de todas as distorções que a cultura imprime aos gêneros, a figura feminina me representa e eu a represento. Olho no espelho e vejo uma mulher.

ESPELHO

A reflexão do espelho é muito próxima da reflexão sobre o olhar. O espelho é um objeto mágico e cheio de possibilidades. O espelho produz imagem e nos sugere o que somos, é artificial e autêntico ao mesmo tempo.

O tempo do espelho é *flash*, instantâneo. Porém, ele sintetiza passado, presente que vai e que foi e possibilidades do futuro.

Espelho d'água nos indica a forma geométrica do Universo. Mente? Talvez.

Narciso foi capturado pelo espelho. Não sei se o espelho engoliu Narciso ou se Narciso devorou o espelho.

Coloco um espelho na frente do outro e amplio o mundo *ad infinitum*. Mas é sempre o mesmo mundo repetido, repetido.

Acho que por isso primitivamente sentimos que o espelho aprisiona.

O espelho é muito presente na vida da humanidade. É um objeto que gera curiosidade e tem muitos significados.

O espelho explica o duplo, e como é fascinante e difícil lidar com o duplo! Entre o que é e o que não é, o espelho serve de anteparo.

Espelhos domésticos, privados e espelhos públicos estão para ser olhados e cada olhar sobre o espelho será único, definitivo.

Espelhos domésticos guardam segredos da vida de tantas pessoas. Estão os espelhos nos banheiros, nos quartos e alguns nas salas. É raro ter espelho nas cozinhas, mas em compensação muitos utensílios culinários têm seu lado de espelho, talheres e transparências em geral.

Os espelhos públicos, nos bares, cinemas, nas exposições de artes e lojas são confidentes da história do mundo. Mesmo quando não há ninguém por perto eles vão refletindo as transformações da realidade, em tempo real, segundo a segundo. Guardam, portanto, o segredo do tempo.

Melhor diversão não há que observar como reagem as pessoas defronte aos espelhos públicos. Eu poderia passar horas nessa contemplação. Tem gente que passa, olha para os lados e, se não percebe ninguém olhando, relaxa e se olha rapidamente no espelho antes de prosseguir sua caminhada. Há outros que nem se importam com a plateia, murcham a barriga, endireitam a postura e se admiram. Alguns fingem que o espelho é parede, reflexo invisível, decoração.

A história está dentro do espelho, o tempo está dentro. O passado, o presente e o futuro subentendidos.

Talvez por isso a superstição popular indica que quebrar espelho dá sete anos de azar. Não é difícil quebrar um espelho. Deixando cair ou arremessando objeto pesado contra ele, podemos estilhaçá-lo. Valorizamos, entretanto, o espelho que demonstra sua nobreza e só pode ser cortado por diamante, o que não sei se é verdade ou apenas uma imagem que fiz enquanto brincava de ser espelho.

Muito mais que um caco de vidro, o espelho é o resíduo que sobrevive e suas imagens são cacos da memória, cacos da vida.

Certas culturas acreditam na ideia de que o espelho aprisiona a alma, e há um costume religioso judeu de cobrir os espelhos.

A simbologia do espelho e sua presença nos estudos científicos de várias áreas do conhecimento indicam que ele representa o desconhecido presente. Daí a relação indissociável entre o espelho e espiritualidade.

ESPIRITUALIDADE

Eta pensamento difícil! Esse tema me amedronta, me fascina e me confunde.

Não sei se a espiritualidade é o ponto de fuga da racionalidade ou vice-versa.

Penso que todo sistema racional, por mais complexo que pareça, está fadado ao desmonte. Todo raciocínio um dia é substituído por outro mais competente, mais consistente. Em outras palavras, a inteligência racional tem limite.

A ciência admite isso como um pressuposto. Que elemento é esse que marca o destino da lógica ou da aparente lógica a cair por terra? Será o imponderável, o destino, a fé? O que é isso?

Parece certo que a humanidade busca a perfeição e que a perfeição escapa.

As coincidências são certas ou incertas? Existem ou apenas representam a busca da perfeição?

É, a questão da espiritualidade já me faz afogar num papo cabeça desgraçado.

Sinto fé, esperança de que eu, com minha força (mesmo inconsciente), seja capaz de interferir na realidade, produzir situações novas e improváveis. Não tem jeito, acredito piamente nisso.

Por outro lado, odeio qualquer burocratização da espiritualidade, explicações baratas ou bem elaboradas me afastam. Esse pedaço da espiritualidade é parte de mim e é parte de cada um. Como pode ter regras? Desde quando ponto de fuga se explica? Simplesmente é.

Admito que existam formas bem-organizadas de expressão da espiritualidade. São religiões, seitas, crenças coletivas e vários outros movimentos. Respeito alguns, abomino outros. Mas não consigo ser adepta praticante de nenhum deles. A espiritualidade é um fenômeno calcado na liberdade de escolha, princípio que se desgasta muito com a adesão aos movimentos coletivos.

Antes de institucionalizar a espiritualidade, aprisioná-la e explicá-la dentro de uma lógica quase racional, acho que cada um deve senti-la para poder utilizá-la como a qualidade mais fértil ao nosso alcance. Na ótica de minha subjetividade, entendo a espiritualidade como a melhor expressão da possibilidade de transcender ao que a realidade me oferece. Minha perspectiva espiritual me permite conviver com a intuição, com uma santa energia que me dá liberdade para ousar, coragem para ser otimista. É maravilhoso poder ser otimista em situações em que as evidências objetivas e racionais não dão nenhum alento.

Espiritualidade me permite ter fé. Não falo de fé cega de ovelha teleguiada. Ela vem de mim. Muitas vezes me resgata do inferno que a convivência cotidiana representa e até contribui para ajudar outras pessoas.

Sinto que as experiências registradas em minha memória têm *flashes* de prazer, alegria e realização de desejos. Todo mundo tem esse tipo de registro. Mas, na maioria do tempo, a rotina faz apagar esse repertório com tantas coisas chatas e desagradáveis com que a gente se depara. Pior, muitas vezes, somos nós mesmos cúmplices e até responsáveis (autores) das situações bobas, intermináveis e patéticas.

Nada melhor, nesses momentos, que recorrer ao que chamo espiritualidade, como a compreensão do resgate, como fincar uma varinha de condão no monótono trágico e redescobrir a essência do prazer.

Espiritualidade é o melhor estado de espírito que podemos alcançar. É um estado fugidio, mas sublime.

Adoro, a título de entretenimento, conhecer um pouco de astrologia, *I Ching*, quiromancia e até superstições em geral. Encaro esses universos como ilustração, como arte, narrativa. Uma forma de entender a cultura. Se eles têm alguma conexão com a realidade, não sei. Não me importa muito, gosto de brincar com os ingredientes que esses instrumentos trazem. Desacredito acreditando ou acredito desacreditando.

É inegável que esses instrumentos são universos de conhecimento. Nesse campo é melhor cultuar a dúvida como quase certeza. Acho que as religiões e o conjunto de crenças ditas espirituais ajudam a melhorar a vida de uns e atrapalham profundamente a de outros.

As religiões são todas admiráveis criações humanas, algumas permanecem com seus rituais preservados por milênios. Admiro quase todas, mas não consigo aderir incondicionalmente a nenhuma.

Há pessoas sensacionais que utilizam o vínculo com a igreja que escolheram para divulgar pura espiritualidade. Outros, de forma oportunista, aproveitam-se da organização religiosa, até fundando uma nova, para obter vantagens de toda ordem. Pior ainda são os chamados fiéis que vão às igrejas para preencher uma falta, para se livrar da responsabilidade de pensar na escolha. Estes são a maioria que os oportunistas manipulam e exploram.

Muita gente vai às igrejas comprar esperança, por não conseguir mais, talvez, produzir esse sentimento.

Pode parecer uma contradição, mas me sinto religiosa. Na verdade, o que chamo de espiritualidade é minha religião: uma espécie de certeza da presença de Deus em mim e no mundo.

Tive uma educação católica que me marcou positivamente. Por sorte o que aprendi era pura liberdade: a noção de Deus como a suprema expressão de prazer e alegria e do pecado como ato raríssimo de falta de amor. Aprendi a valorizar uma espécie de essência divina que está à disposição da humanidade e entender o culto apenas como uma expressão material.

O pensamento sobre espiritualidade é inesgotável, porque pertence ao mundo dos sentidos e supera a lógica, o explicável.

Há pessoas, que se autodefinem "altamente espiritualizadas", que só vejo praticando sacanagem. Há outras que negam racionalmente qualquer envolvimento possível com a figura de Deus e ridicularizam a existência de qualquer experiência espiritual, mas são, aos meus olhos, super espiritualizadas, pois demonstram, por seus atos, a superação da razão.

A espiritualidade, que é contraponto e complemento da lógica, não prescinde do benefício da dúvida. A espiritualidade só pode se manifestar pelo benefício da dúvida, que permite, inclusive, a gente construir certezas em areia movediça.

O BENEFÍCIO DA DÚVIDA

Essa expressão, por si, é enigmática. Porém, já produz o efeito de seu sentido em mim.

Há muito tempo me pergunto o que seria o tal benefício da dúvida. Entretanto, é inevitável que, de vez em quando, incorpore aos meus pensamentos noções jurídicas. E, de fato, o benefício da dúvida tem um significado importante para o Direito.

Existe um raciocínio no Direito Penal segundo o qual, havendo quaisquer dúvidas relativas ao conhecimento de fatos relevantes que envolvem um crime, o réu, mesmo com vários indícios que colaboram para ser considerado culpado, deverá ser beneficiado com a declaração de inocência. É mais ou menos a extensão do princípio da inocência presumida, que integra o pensamento sobre a culpa.

No entanto, a expressão benefício da dúvida tem muitos outros significados interessantes. Penso que as dúvidas questionam toda espécie de certezas e têm o potencial de nos beneficiar com novas certezas provisórias que vão criando. Não é sempre que de uma dúvida resulta um benefício. Há situações em que a supervalorização da dúvida provoca destruição pesada.

A única certeza definitiva que todos nós, humanos, parecemos ter é a da morte. Essa afirmação é um poderoso chavão, sobre a qual, me parece, não temos recursos intelectuais, espirituais ou tecnológicos para integrar uma dúvida. Talvez a certeza da morte nunca seja abalada por nenhum tipo de dúvida. Impossível saber.

Então, concluo que, se existe apenas uma certeza – a da morte, que se contrapõe à vida –, logo, as dúvidas pertencem à vida. Caso não duvidemos um pouco, ficamos fadados à extinção em curtíssimo prazo.

Esse pensamento sobre o benefício da dúvida remete à

busca de respostas sobre como resolver a dúvida nele embutida: Como utilizar as dúvidas como benefício? Imagino que respondendo às dúvidas com dúvidas inéditas, do tipo resposta provocativa. Será?

A dúvida, creio, é benefício em essência. Porém, o problema é que muitas pessoas usam seu poder pessoal para negar aos outros a possibilidade do benefício da dúvida. Talvez por não suportarem as suas próprias dúvidas, que devem irritar como verdadeiras pedras no sapato.

Estava saboreando esse pensamento quando uma aluna de um curso de Arte de uma universidade comunitária, de origem pobre – nascida e criada na periferia de São Paulo – veio desabafar comigo uma enorme mágoa que tem tudo a ver com o benefício da dúvida.

Ela me contou que fez um sacrifício enorme para entrar na universidade, e veio movida por um sonho político. Ela queria fazer teatro engajado que tivesse o carisma de conscientizar a população "esquecida" da periferia de São Paulo de seus direitos de cidadania.

Em uma aula do curso, segundo a versão dela, o professor afirmou que teatro engajado não era teatro de verdade, pois a arte vale por si. A aluna argumentou que Brecht era um expoente do teatro engajado. O professor refutou, afirmando que Brecht no fim da vida reviu suas posições.

A menina sentiu o peso de uma opressão violenta. Em sua perspectiva, o professor, aliado a todos alunos (de origem burguesa), firmaram um consenso perverso contra ela, contra suas origens, contra seus sonhos.

Esse relato me foi feito de forma muito emocionada, e me gerou dúvidas, me provocou e me comoveu.

Ponderei que ela talvez tenha subestimado os efeitos que sua posição interrogativa e minoritária tinha gerado no grupo. Disse que ela tinha encenado provocações positivas e o grupo, provavelmente, ficou reativo. Ressaltei a importância da diversidade de opiniões. Questionei a postura dogmática do professor. Fiquei com a impressão de que minha fala ajudou a melhorar o estado de espírito da menina. De forma afetiva, provoquei-a, também, a ter dúvidas sobre seu sonho de teatro engajado: questionar esse sonho não significava jogar no lixo sua identidade.

Confesso, porém, que essa conversa mexeu comigo. Fiquei pensando que eu, algumas vezes sem querer, divulgo certezas precárias como se fossem definitivas, lapidando-as com argumentos poderosos fundados na razão cínica. Droga, às vezes tenho uma atitude semelhante à do professor.

Essa história veio a mim e explicita o benefício da dúvida. Ótimo que podemos aproveitar a vida passando para duvidar, criar outras possibilidades de comportamento.

É, o benefício da dúvida é a própria criação, originador de novas histórias que podem ser felizes. Acontece como um processo bem-sucedido de maternidade e paternidade.

Eu sou mãe do benefício da dúvida e toda humanidade é. Funciona como a reprodução e traduz a continuação da vida: dádiva da dúvida.

Benefício da dúvida é, para mim, maternidade. Preciso cuidar das dúvidas que gero. Alimentá-las e me resignar a vê-las andando pelo mundo, umas vezes aprontando confusões e criando mal-entendidos e outras expressando sublimes delírios de amor.

MATERNIDADE

Maternidade tem um significado metafórico muito forte. Vejo muitas mulheres, tenham elas optado ou não por ter filhos, exercer lindamente sua maternidade, com filhos dos outros ou com filhos metafóricos. São essas mães da criação, da reprodução, que oferecem ao mundo sua fertilidade e para as pessoas a possibilidade de um futuro de qualidade.

Na minha biografia, a ideia de maternidade tem um sentido muito concreto. Nunca fiz uma escolha prévia de ter filhos. Antes deles, não tinha um claro desenho de futuro com sua presença.

Apaixonei-me e amei muito, casei e, depois de um bom tempo de casada, engravidei. Adoro a maternidade e afirmo, sem vergonha, que essa é minha melhor dimensão. Nela caibo inteira.

Estar grávida é muito esquisito. No início quase ninguém sabe. Nos quatro primeiros meses, a gravidez é apenas uma palavra que, para os outros, pode ser verdadeira ou mentirosa.

Lembro-me grávida de três meses do meu primeiro filho. Estava no aeroporto de Porto Seguro, esperando a hora do embarque, num calor insuportável. De repente, para meu alívio, uma voz eletrônica avisa que as grávidas e os idosos podem embarcar na frente e abandonar a fila. Exercendo o direito que a gravidez me concedia, lá fui eu. Mal sabia a ira que causei.

Na entrada do avião fui abordada e quase agredida por uma mulher que dizia:

– Se você está grávida, espertinha, eu sou uma zebra listrada.

Fiquei chocada, foi a primeira vez que me deparei com uma situação que iria se repetir algumas vezes até a barriga aparecer. Entendi que sem barriga evidente a população, em geral, não acredita que as mulheres estão grávidas. Em filas especiais de bancos, situações como a que vivi se repetem diariamente.

Entretanto, quando o barrigão fica explícito, o tratamento do povo muda completamente. Em qualquer lugar que vamos somos tratadas como rainhas, sorrisos são oferecidos por toda gente e até desconhecido quer passar a mão na nossa barriga. Neste momento viramos uma espécie de anjo, assexuadas e sagradas.

Eu achava tudo isso muito estranho e oscilava entre gostar de ser bem tratada e uma espécie de repulsa por esse tratamento tão pontual. Era horrível ver pessoas que ignoravam crianças pobres e descalças no meio rua me mandarem olhares afetuosos.

Percebi que as grávidas evidentes são símbolos. Não queria ser símbolo de nada, mas aquela experiência integral que eu vivia era tão intensa que eu não ligava tanto para isso. Fiquei muito ensimesmada, e, no estado absoluto, relativizava os fatos externos à gravidez.

A gravidez é uma grande confusão dentro da gente. Deixa a gente ansiosa, na expectativa do desconhecido.

Além disso, é um processo particular e intenso, mas vivido por uma massa de mulheres e meio vulgarizado como um fenômeno festivo.

Embora soubesse que as sensações que tinha eram muito universais, em minha primeira gravidez me sentia completamente compelida a valorizar a experiência individual que estava vivendo e não queria, de jeito nenhum, banalizar a minha vez.

Com essa mentalidade me recusei a fazer o curso de grávidas que a maternidade oferecia, mesmo sem saber trocar uma fralda. Isso me custou muito nervosismo quando o bebê chegou em casa. Paciência, tudo tem dois lados.

Tenho certa aflição de bebês pequenos. São muito indefesos e parece incrível que a maioria deles sobreviva. Além disso, a excessiva fragilidade se converte em uma poderosa tirania: como mãe a gente se sente coagida a dar satisfação para aquele ser tão frágil, capaz de um poderoso apelo de proteção.

Os filhos vão crescendo e, quanto mais isso acontece, mais apaixonantes eles ficam, desafiando nossas certezas e acenando com ideias criativas e novas, que nos surpreendem e nos chocam. É sensacional ser parte de uma relação original, cujo vínculo vem do útero. Gostar por gostar é o máximo, um privilégio da maternidade.

Porém, a maternidade é uma opção. A proibição do aborto e posições que defendem que a maternidade é compulsória, para mim são hipócritas. Acho um equívoco daqueles que dizem defender a vida quererem interferir nas escolhas dos outros. Penso que quem defende a vida devia se preocupar com aqueles que já nasceram e estão solitários, sofredores, e vivendo a ausência de alguém que exerça para eles a maternidade.

O feto no corpo da mãe é uma expectativa de vida que depende da vontade da mãe para sobreviver. Acho que a maioria das mulheres não interromperia a gravidez, se pudesse mantê-la. Porém, se escolhe desistir é violência impedir sua liberdade. Proibir o aborto é como querer abortar a liberdade.

Viver o crescimento dos filhos é uma maravilha e nos remete à esperança de um futuro melhor. A idealização da maternidade é parte dela.

Por isso, acho que maternidade e utopia se reconhecem como sensações complementares, uma decorrendo da outra, infinitamente.

Sinto no corpo que minha mãe vislumbrou e vislumbra em mim uma enorme utopia que se renova e a consola das dificuldades da vida. Consola porque remete às relações coletivas, à ideia de que dias melhores virão. Isso depende da gente, isso depende da maternidade concreta e metafórica que exercemos e que nos encaminha para uma enorme e deliciosa utopia.

UTOPIA

Sempre adorei o significado da palavra utopia, embora sem compreender muito bem.

Meu pai explicou que utopia vem do grego e quer dizer "o não espaço". Utopia é, portanto, algo que se encontra além do real visível, está na imaginação, é esperança gravada no coração.

Tenho a utopia de um espaço que não vivo, que imagino, onde as pessoas se entendem, se respeitam.

Muitos compreendem o número zero como o vazio. A utopia é um pouco o espaço zero: ponto de partida, que tende ao infinito.

Se tenho uma utopia de justiça e compreensão entre as pessoas, algo na realidade me indica essa possibilidade.

Sempre gostei do verso de uma letra de Gilberto Gil que diz: "o melhor lugar do mundo é aqui e agora". Isso tem a ver com utopia.

Tenho guardadas em minha memória afetiva umas cenas tão felizes, que foram presentes, que são verdadeiras utopias realizáveis e podem, a princípio, se repetir.

A utopia é do mundo da imaginação e do mundo das relações. Acho que não dá para ter nenhuma utopia que contenha um desejo solitário. O conceito de utopia remete ao âmbito coletivo.

Porém há um grande problema que entrava a viagem ao não lugar ou a realização de utopia: é muito difícil que a imaginação, a idealização de cada um entre em acordo, em consenso, com as expectativas de felicidade dos outros.

Nesse sentido, realizar uma utopia é realizar a construção de valores e ideias comuns.

Utopia é um estado de sonho bom, por isso ela é o não espaço do pesadelo. Nossa utopia retira ou quer retirar da vida o pesadelo.

BEATRIZ DI GIORGI

É tão forte na gente o estado utópico. Vive na gente, é latente. Para sobreviver, a maioria do tempo escondemos a utopia. E ela está em toda gente.

A relação amorosa, o entendimento profundo e inteiro entre pessoas comprova e faz presente a utopia. Talvez por isso o amor seja tão idealizado.

A utopia se traduz na mania das pessoas, ou necessidade talvez, de se integrarem a movimentos políticos ou religiosos.

Eu saía da adolescência quando terminou a ditadura militar, mas me lembro muito bem da paixão que tinham aqueles que participavam de passeatas contra o regime militar. Era uma paixão utópica, de construção comum, que extrapolava a própria motivação formal, que extrapolava o medo de ser agredido fisicamente. Parecia uma comunhão de pessoas que, em uníssono, ficavam iguais por um instante.

Eu me encantava por isso e, simultaneamente, me constrangia. Tem uma ambiguidade nesse sonho de construção: por um lado parece maravilhoso, por outro é horrenda a perda de individualidades e de valores próprios de cada um que essa comunhão sugere.

Um mecanismo semelhante acontece nos cultos religiosos de algumas igrejas evangélicas, por exemplo. A necessidade de identificação com outras pessoas anula identidades de gente que, aparentemente, busca sair do anonimato, da invisibilidade e vão, com força, atrás do sonho comum.

As situações que parecem ser reflexo da utopia me comovem, me seduzem e repulsam ao mesmo tempo. Nada mais pobre que uma palavra de ordem. É ilusão que ela faça sentido para tanta gente.

Particularmente tenho uma enorme emoção ao ouvir o Hino Nacional. Embora meus pais tenham sido perseguidos pelo abominável regime militar e o Hino Nacional tenha sido tantas vezes o símbolo da Ditadura, ele me comove.

O Hino Nacional me lembra da Copa de 1970. Eu, com meus quatro anos, ouvi e vi a utopia realizada. Sim, mesmo naquele contexto perverso havia essa possibilidade. Uma utopia, posteriormente, derrubada.

Admito que forço a visão para uma interpretação mais favorável da realidade. Detesto estar sem saída. Interfiro nas situações e luto para modificar os fatos. Não fatos políticos, mas fatos de que participo. Não quero ficar assistindo a vida passar e não mexer com ela. Não tenho nenhuma atitude heroica de grandes causas. No círculo íntimo das relações pessoais faço meu barulho.

Sei que isso é pouco, egoísta, mas é a contribuição que posso dar. A utopia é uma só, mas nela cabem sonhos e desejos, utopias da utopia.

Tenho um enorme desejo de uma sociedade justa. Defino-me socialista e isso é apenas uma definição. Gostaria de ter uma varinha de condão, pois não sei como realmente possa se realizar a utopia socialista.

Outro desejo é de um lugar bom para todas as pessoas depois da morte. Tenho minha projeção especial de Paraíso.

O terceiro desejo, ó, Gênio da Lâmpada, é tornar viável a possibilidade de a comunicação humana se livrar dos ruídos que impedem a compreensão integral dos discursos, das falas. Tenho compulsão por falar, por escrever e estou condenada a ser interpretada. E estou condenada a interpretar os discursos alheios.

"Mas como sou muito teimosa vou bater nesse daqui", que parece encantado, que é um lugar perigoso, o não lugar: o trono da utopia.

Esse lugar para o qual escolho me dirigir é surpresa. Depende de construção, depende de muito trabalho. Depende de muitas coisas e pessoas que não controlo.

Realizar utopia deve dar muito trabalho. A construção da utopia é um trabalho para deuses e gigantes. E nós, pobres amadores, precisamos e queremos fazer esse trabalho.

TRABALHO

No imaginário das pessoas, o espaço do trabalho é, geralmente, contraposto ao espaço da poesia. Quando concebemos o trabalho o associamos ao princípio da necessidade, ao mundo das obrigações, das chatices, em contrapartida ao mundo do prazer, dos desejos realizados.

Não gosto dessa dicotomia. Definitivamente me desagrada. Embora muitas vezes eu me veja impotente, escrava de obrigações que o trabalho representa.

Há vários trabalhos expressos em poemas e canções que abordam o tema trabalho. Evidentemente, esse tema é menos recorrente que o tema amor e derivações.

Observo que a maioria desses poemas e músicas fala da escravidão do trabalho, da honra e dignidade que representa e do exercício do trabalho. Algumas, poucas, identificam o trabalho com realização.

Despertam-me emoção os versos de Carlos Drummond de Andrade, no poema "Elegia 1938", que comentam o ato de trabalhar assim:

[...]
trabalhas sem alegria para um mundo caduco
onde as formas e as ações não encerram nenhum exemplo
[...]

Eu me reservo o entendimento de que o poeta mostra uma certa indignação e perplexidade com a ideia do trabalho sem alegria (vai ver que foi por isso que resolveu escrever poemas).

Trabalho deve estar associado à felicidade. Só mesmo num mundo caduco (um mundo quase cadáver) pode existir esse conceito e prática de trabalho desprovidos de utopia, ou seja, que não são referências para nada.

Esse verso é como um grito que guarda um pouco de esperança de transformação.

Na mesma linha vai Gilberto Gil, que canta "a raça humana é /uma semana /do trabalho de Deus" e me encanta com a ideia de que o melhor trabalho, aquele que nos faz, é a criação. A criatividade é o elemento essencial que define o trabalho que vale a pena.

Existem vários tipos de trabalho, braçal, mecânico, intelectual, artístico etc. Normalmente quem exerce os trabalhos, em algum momento, se aborrece muito. O que mais ouço é reclamação sobre isso. Me falam que trabalho é pressão que espreme o melhor da gente. Em troca do quê? Em nome do quê?

A resposta mais pronta é que trabalhamos por dinheiro, para sobreviver. Há quem fale, com ar levemente artificial, que trabalha por prazer. Será que isso é possível o tempo todo?

Tem algo errado na concepção de trabalho que adotamos na nossa cultura. Prefiro o conceito da Física, para a qual o trabalho é realização. Assim, todo ato pode ser entendido como trabalho.

No entanto, o conceito de trabalho tem como característica a hierarquia. chefes e subordinados, subordinados e subordinados competem no espaço de trabalho, que é de pouca realização e de muita competição.

Há trabalhos e trabalhos. Mas é fato corrente que quase todos se caracterizam pela marca da prisão, da pressão.

Fora dos espaços de trabalho é onde me realizo mais. Construir mudanças, às vezes bobas e insignificantes, considero trabalho. Nos espaços convencionais não cabe a ousadia que traz satisfação. Cabe a mediocridade.

Nos escritórios há contratos explícitos nos quais está celebrado o pacto da mediocridade e o pacto da hipocrisia. Quem quiser revelá-los, ou rompê-los, está fora.

Tenho certeza de que existem alguns bons momentos de realização e fruição até nos esquemas empresariais mais opressivos. Mas a impressão que fica no final da história é de desgaste.

A ênfase das relações de trabalho está colocada na produção objetiva (resultados!) e pouco se valoriza o processo humano e histórico que se desdobra. Atenção para o processo só existe no sentido de o trabalho ser mais eficaz, lucrativo.

Assim desaprendemos a brincar. O trabalho com que sonho não prescinde do espírito lúdico, da alegria. O trabalho com que sonho envolve dignidade. Dizem que o trabalho dignifica o homem. Acho que não tem sido assim.

Porém, as pessoas só conseguem ser dignas, ter dignidade, se o trabalho significar realização, um conceito agradável.

DIGNIDADE

Ter dignidade é estar bem integrado ao convívio social, ser respeitado na sua identidade. Acho que é ser e parecer agradável aos olhos dos outros. Para ter dignidade é preciso ter autoestima em primeiro lugar.

Tenho buscado imprimir dignidade à vida. Sempre penso nisso como um dos pressupostos mais importantes para a vida valer.

Dignidade é uma qualidade difícil de ser alcançada, exige muitas outras qualidades: honestidade, elegância, coragem, discernimento, coerência e, sobretudo, integridade.

A possibilidade de demonstrarmos dignidade aparece nas situações dramáticas e confusas que nos indicam a tentação de fugir pela tangente. É quase fácil ser digno em situações em que se tem suporte material e afetivo para a vida. Complicado mesmo é quando faltam esses elementos.

A dignidade começa com a consciência de que o frágil equilíbrio da vida pode, a qualquer momento e sem aviso prévio, sofrer reveses. Doenças, desemprego, separações, lutos, nos colocam frente a frente com a nossa capacidade ou não de mantermos dignidade.

Infelizmente muitos homens e muitas mulheres já nascem sem condições mínimas para ter dignidade. Para quem nasce na absoluta miséria é dificílimo, talvez impossível, alcançar dignidade.

Talvez por isso se utilize a expressão "condições dignas de sobrevivência" para representar o mínimo de recursos para a pessoa exercer e buscar sua dignidade.

Por outro lado, para aqueles que já nascem com as tais "condições dignas de sobrevivência" é difícil encontrar apenas sua dignidade pessoal. Ser digno, em sentido amplo, só existe na perspectiva coletiva.

BEATRIZ DI GIORGI

Esse pensamento sobre dignidade me é especialmente difícil de expressar, porque, às vezes, parece uma busca insana. É mais ou menos essa questão que o pensamento desperta: como ser digna em um ambiente indigno?

Enquanto pensava no desafio da dignidade passei situações difíceis, limites que me revelaram que o conceito esconde uma tarefa enorme e nobre.

Mas a vida de todo mundo passa por turbulências, por buracos negros, que querem nos sugar a alma e nos desesperançam. Poder lutar para superar esses momentos é, de certa forma, um privilégio. Nos resgata a humanidade, o sentimento de transformação e de novas possibilidades e riscos.

Fui testemunha de uma cena que associo definitivamente à ideia de dignidade: numa ocasião um Secretário de Estado da Saúde foi informado que uma mulher deu à luz na calçada, defronte a uma maternidade pública estadual, por falta de atendimento do hospital. Desconsiderando intensos apelos de alguns seus assessores homens, ele foi ao local pedir desculpas à moça. Ele enfrentou o risco em nome da dignidade, em nome da consciência. Poderia ter sido linchado, mas, por sorte, foi bem recebido pela população local, que soube reconhecer a sinceridade do gesto.

Esse é um exemplo de dignidade que envolve coragem e, sobretudo, a esperança de transformação.

A essência da dignidade é a transformação, pois uma atitude de dignidade interfere, certamente, no estado das coisas e mexe, visivelmente, com a realidade.

TRANSFORMAÇÃO

A ideia de transformação é sedutora. Tenho a impressão de que a maioria das pessoas concebe a possibilidade de transformar como um antídoto contra o tédio. Transformação é movimento explícito e só a percebo quando se revela generosa aos meus olhos. A transformação acontece a cada fração de segundo.

E os pensamentos se transformam a cada segundo, o que torna a coleção infinita enquanto houver vida, e este livro, sem fim possível.

......

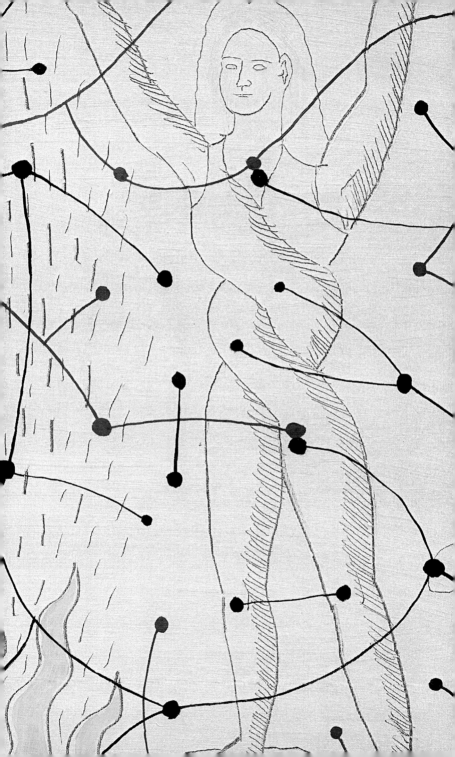

© 2023, Beatriz Di Giorgi

Todos os direitos desta edição reservados
à Laranja Original Editora e Produtora Eireli
Rua Isabel de Castela, 126 – Vila Madalena
São Paulo – SP – CEP 05445-010
www.laranjaoriginal.com.br

Edição e revisão: Beto Furquim
Projeto gráfico: Yves Ribeiro
Produção gráfica: Bruna Lima
Fotografia da autora: arquivo pessoal
Imagem da capa: Alex Cerveny

Dados Internacionais de Catalogação na Publicação (CIP)
(Câmara Brasileira do Livro, SP, Brasil)

Giorgi, Beatriz Di
　Coleção de pensamentos / Beatriz Di Giorgi. --
São Paulo : Laranja Original, 2024. --
(Coleção pêssego azul)

　ISBN 978-65-86042-92-4

　1. Prosa brasileira I. Título. II. Série.

24-188483　　　　　　　　　　　　　　CDD-B869.8

Índices para catálogo sistemático:

1. Prosa : Literatura brasileira　B869.8

Cibele Maria Dias - Bibliotecária - CRB-8/9427

COLEÇÃO ● PÊSSEGO AZUL

Títulos desta coleção:
Meus sapatos ainda carregam a poeira de Cusco – Thiago de Castro
Vassoura atrás da porta – Ângela Marsiglio Carvalho
Coleção de pensamentos – Beatriz Di Giorgi

Fonte Minion Pro
Caixa de texto 95 x 166 mm
Papel Pólen Bold 90g/m²
nº páginas 88
Impressão Psi7
Tiragem 100 exemplares | 2ª impressão